BEI GRIN MACHT SICH IHR WISSEN BEZAHLT

- Wir veröffentlichen Ihre Hausarbeit, Bachelor- und Masterarbeit

- Ihr eigenes eBook und Buch - weltweit in allen wichtigen Shops

- Verdienen Sie an jedem Verkauf

Jetzt bei www.GRIN.com hochladen und kostenlos publizieren

Söldnerfrauen im Tross des Dreißigjährigen Krieges

Moritz Dummert

Bibliografische Information der Deutschen Nationalbibliothek:

Die Deutsche Nationalbibliothek verzeichnet diese Publikation in der Deutschen Nationalbibliografie; detaillierte bibliografische Daten sind im Internet über http://dnb.d-nb.de abrufbar.

ISBN: 9783389094396
Dieses Buch ist auch als E-Book erhältlich.

© GRIN Publishing GmbH
Trappentreustraße 1
80339 München

Alle Rechte vorbehalten

Druck und Bindung: Books on Demand GmbH, Norderstedt Germany
Gedruckt auf säurefreiem Papier aus verantwortungsvollen Quellen

Das vorliegende Werk wurde sorgfältig erarbeitet. Dennoch übernehmen Autoren und Verlag für die Richtigkeit von Angaben, Hinweisen, Links und Ratschlägen sowie eventuelle Druckfehler keine Haftung.

Das Buch bei GRIN: https://www.grin.com/document/1522984

Die Söldnerfrau
im Tross des Dreißigjährigen Krieges

Friedrich-Alexander-Universität Erlangen-Nürnberg

Lehrstuhl für Neuere Geschichte

Wintersemester 2022/23

Proseminar: Der Dreißigjährige Krieg

vorgelegt von:

Moritz Dummert

Schwabach, 20.03.2023

Inhaltsverzeichnis

1 EINLEITUNG 3

2 DAS GESCHLECHTERVERHÄLTNIS IN DER FRÜHEN NEUZEIT 4

3 DIE FRAU IM TROSS 5

3.1 DER TROSS DER SÖLDNERHEERE 5
3.2 DIE SOLDATENFRAU IM TROSS 6
  3.2.1 MOTIVE DER FRAUEN FÜR DAS LEBEN IM TROSS 7
  3.2.2 DIE ROLLE DER FRAU IM „BEUTE UND PRODUKTIONSPAAR" 9
3.3 TROSSFRAUEN OHNE SCHUTZ 13

4 FAZIT 14

LITERATURVERZEICHNIS 15

1 Einleitung

Zweifelsohne war der Dreißigjährige Krieg aufgrund seiner langen Dauer und seiner Brutalität, die ununterbrochen bis zum Jahre 1648 anhielt, einer der verheerendsten Kriege in der Geschichte der Menschheit. Die Bevölkerungszahlen einiger Gegenden des Heiligen Römischen Reichs Deutscher Nation, die besonders schwer vom Krieg betroffen waren, wurden teils um bis zu zwei Drittel dezimiert. Dabei muss betont werden, dass nicht alle Menschen unmittelbar im offenen Kampfgeschehen als Soldaten zu Tode kamen, sondern insbesondere die unterschiedlichen Auswirkungen des Krieges vielerorts zu einem enormen Bevölkerungsrückgang führten. Dazu gehörte die Ausbreitung von Krankheiten und Seuchen wie beispielsweise der Pest, der Grippe und diversen Durchfallerkrankungen ebenso wie elende Hungersnöte und die Willkür plündernder Söldner, die ganze Dörfer dem Erdboden gleich machten. Kurzum: Erfahrungen von Hunger, Gewalt, schwerem Leid und Tod gehörten im 17. Jahrhundert für fast alle Menschen in Mitteleuropa zum alltäglichen Leben dazu.

In der Geschichtswissenschaft ist dieses Leben mit dem Krieg bereits relativ gut im gesamtgesellschaftlichen Kontext erforscht worden.[1] Bis heute sind hier jedoch geschlechterspezifische Unterschiede in den meisten Forschungsarbeiten nur am Rande und häufig im Zusammenhang mit dem Umfeld der Familie herausgearbeitet worden, was möglicherweise auch mit Herausforderungen bei der Auswertung der Quellenlage in Bezug auf die Forschungsfrage nach der Rolle der Frau im Dreißigjährigen Krieg zusammenhängt. Schulte spricht diesbezüglich unter anderem von dem Problem, dass sich die Quellen teils gegenseitig widersprächen.[2] Natürlich ist es nicht möglich, universell gültige Aussagen über das Leben von Frauen während der Zeit zwischen 1618 und 1648 zu machen – schon alleine deswegen, weil die für sich stehende Analysekategorie *Frau* für entsprechende Betrachtungen unbrauchbar ist und immer abhängig von anderen Kategorien wie dem sozialen Stand, dem Familienstand, den regionalen sowie politischen Gegebenheiten und weiteren unter den Gesichtspunkten von kategorialer Intersektion untersucht werden muss.[3] In der Konsequenz muss daher immer eine thematische Eingrenzung vorgenommen werden, da sich sonst, wie Schulte richtig bemerkt, keine eindeutigen Aussagen aus den Quellen gewinnen lassen. Deshalb wird sich diese Arbeit auf die Soldatenfrauen im

---

[1] Eine Sammlung von unterschiedlichen, regional gebundenen, Aspekten findet sich bei Benigna von Krusenstjern & Hans Medick (Hrsg.): Zwischen Alltag und Katastrophe. Der Dreißigjährige Krieg aus der Nähe. Göttingen 1999.
[2] Regina Schulte: Die verkehrte Welt des Krieges. Studien zu Geschlecht, Religion und Tod. Frankfurt 1998, S. 62.
[3] Eine Übersicht über den wissenschaftstheoretischen Hintergrund findet sich bei Matthias Bähr & Florian Kühnel: Plädoyer für eine Historische Intersektionsanalyse, in: Ders. (Hrsg.): Verschränkte Ungleichheit. Praktiken der Intersektionalität in der Frühen Neuzeit. Berlin 2018, S. 9-37.

Tross des frühneuzeitlichen Söldnerheeres während der Zeit des Dreißigjährigen Krieges beschränken. Neben der Beantwortung zentraler Fragen nach deren Lebenswirklichkeit und ihrem individuellen Leiden im Kriegswesen soll auch ganz explizit dazu Stellung genommen werden, wie essentiell wichtig Frauen für das Funktionieren der Söldnerheere waren. Provokativ gefragt: Hätte das frühneuzeitliche Kriegswesen überhaupt ohne Frauen funktioniert?

2 Das Geschlechterverhältnis in der Frühen Neuzeit

Um sich mit diesen Fragen sinnvoll auseinandersetzen zu können, bedarf es zunächst eines kleinen Exkurses über das allgemeine Geschlechterverhältnis in der frühneuzeitlichen Gesellschaft – natürlich mit besonderem Blick auf die Rolle der Frau. Grundsätzlich sei auch an dieser Stelle erwähnt, dass die „klassische" Frauenrolle nur schwer ausgemacht werden kann, da die Handlungsspielräume von Frauen in der Frühen Neuzeit enorm variierten. Frau war nicht gleich Frau – auf diese Thematik spielte die Einleitung ja bereits an. Beispielsweise hatten die Ehefrauen von Kaufleuten in der Regel erhebliche Freiheiten, wenn ihre Männer auf Reisen waren. Sie leiteten währenddessen teils eigenständig die Geschäfte in der Heimat, wie der Briefwechsel der Eheleute Paumgartner aus Nürnberg zeigt.[4] Dieser Handlungsspielraum wurde dagegen vielen ärmeren Frauen nicht zuteil.

Trotz dieser großen Unterschiede gab es dennoch eine grundlegende gemeinsame Entwicklung, die das Frauenbild ab dem 16. Jahrhundert prägte. Sie nahm ihren Ursprung in den protestantischen Territorien, wo sich ein fundamentaler Wandel des Verständnisses von Ehe und Sexualität vollzog. Während im Mittelalter die Keuschheit christliche Idealvorstellungen definierte, führte die Kritik der Reformatoren daran zu einer Aufwertung ehelicher Gemeinschaften. Nach Auffassung Martin Luthers war es von Gott vorgesehen, dass Männer und Frauen in ehelicher Gemeinschaft zusammenlebten und Kinder zeugten. Die Ehe wurde so zum Ideal christlicher Lebensführung, die Heirat wurde zur gesellschaftlichen Norm.[5] Auch wenn Luther betonte, dass die Frau nicht Gehilfin, sondern Gefährtin des Mannes sei, lässt sich für die frühneuzeitliche Familiengemeinschaft der Mann als Haupt ausmachen.[6] Dieser scheinbare Gegensatz hängt damit zusammen, dass sich hier zwei Phänomene überkreuzen: auf der einen Seite die Autorität des Mannes, die sich auch aus seiner Stellung als Bindeglied zwischen Obrigkeiten und sozialem Umfeld der Familie ergab und auf der anderen die tatsächliche

---

[4]Vgl. Steven Ozment: Magdalena & Balthasar. Briefwechsel der Eheleute Paumgartner aus der Lebenswelt des 16. Jahrhunderts. Übersetzt aus dem Englischen und dem frühneuhochdeutschen von Friedhelm Rathjen. Frankfurt am Main 1989.
[5]Dargestellt von Heide Wunder: „Er ist die Sonn', sie ist der Mond". Frauen in der Frühen Neuzeit. München 1992, S.65-68.
[6]Vgl. Ebd., S. 73.

Gefährtenschaft von Mann und Frau, die für beide Geschlechter gleichermaßen Bedeutung hatte.[7] Durch die Rolle des Mannes als Haupt der Familie war die Frau nicht weniger wichtig. Dies dürfte auch den Zeitgenossen bewusst gewesen sein. Heide Wunder hat in diesem Zusammenhang den Begriff des „Arbeitspaares" geprägt und zielt damit auf die gegenseitigen Abhängigkeiten des Ehepaares insbesondere wirtschaftlicher Natur ab.[8] Für den Nürnberger Kaufmann Paumgartner war es unverzichtbar, dass sich seine Ehefrau Magdalena in der Heimat um die Geschäfte kümmerte. Wie im gehobenen Bürgertum war die aufopfernde Mitarbeit der Ehefrau auch auf einem Bauernhof nötig, um die Existenz der Familie zu sichern. Der Mann war ebenso auf die Frau angewiesen, wie sie auf ihn. Der Dichter und Schriftsteller Johann Fischart (ca. 1546 – 1591), geht auf diese Tatsache in seinem „Ehzuchtbüchlein" ein: „Und wa man nicht solch gmeinschaft behalt, / Und jedes Licht sein schein erhalt, / So kan es gleich so wenig bestohn / Als wann die Sonn verstis den Mon, / Oder der Mon verstis die Sonn."[9] Fischart vergleicht Ehefrau und Ehemann mit dem Licht von Tag und Nacht, mit der Sonne und dem Mond. Seiner poetischen Darstellung nach würden Sonne und Mond, wenn sie alleine existierten, jeweils ihre Leuchtkraft verlieren – ihr Zusammenspiel sei wie die Gemeinschaft von Mann und Frau unverzichtbar.

Ob sich nun das eben dargelegte Modell des „Arbeitspaares" auch auf die Gesellschaft innerhalb des Söldnerheeres und Trosses im Dreißigjährigen Krieg anwenden lässt, soll im Folgenden genauer untersucht werden.

3 Die Frau im Tross
3.1 Der Tross der Söldnerheere

In der Frühen Neuzeit stieg die Anzahl der Soldaten in den Söldnerheeren immer weiter an. Während im 16. Jahrhundert ein Heer von 20.000 Mann bereits das Maximum dessen war, mit dem ein Feldherr in den Krieg zog, befehligte Wallenstein im Jahre 1628 mehr als 80.000 Mann.[10] Es ist nicht verwunderlich, dass es angesichts dieser Zahlen im Heer einer riesigen Infrastruktur bedurfte, allein um die Söldner mit Lebensmitteln zu versorgen. Zwar erhielten diese eine Brotration von der Truppe gestellt, doch reichte diese oftmals nicht aus, um auch nur die Grundversorgung zu decken. Strukturelle Defizite gab es in der Militärorganisation auch bei der lebenswichtigen Versorgung von im Kampfe Verwundeten und Verletzten, denn die

---

[7] Vgl. Ebd., S. 75 und S. 263.
[8] Vgl. Ebd., S. 96-97. Heide Wunder beschreibt dieses Phänomen bereits für das Hochmittelalter; die Menge an Arbeitspaaren nahm in der Frühen Neuzeit noch weiter zu, weshalb ihre These auch hier weiterhin gültig ist.
[9] Zitiert nach Ebd., S. 266.
[10] Peter Burschel: Söldner im Nordwestdeutschland des 16. und 17. Jahrhunderts. Sozialgeschichtliche Studien. Göttingen 1994, S. 232-233.

wenigen ausgebildeten Wundärzte waren lediglich für Offiziere zuständig.[11] Diese Lücke wurde durch eine riesige Gruppe von Menschen gefüllt, die sich nicht aktiv am Kampfgeschehen beteiligten, aber stets hinter den Söldnern herzogen. Man bezeichnete sie als Tross. Der Tross kann als Personenverband wie eine mobile Stadt gesehen werden, die zur Zeit des Dreißigjährigen Krieges oft doppelt so groß wie die Armee war[12], – mit Geschäften und Dienstleistungen unterschiedlicher Natur.[13] Beispielsweise gab es dort eigene Metzger und Sudler, die ihre Produkte an die Söldner verkauften. Sie gehörten zum regulären Tross und unterstanden dem in der jeweiligen Armee geltenden Recht. Anders verhielt es sich mit den sogenannten Marketendern, freien Händlern, die nur temporär im Tross verweilten – eben solange es für sie lukrativ war. Nicht zuletzt waren es auch die Angehörigen der Söldner, die häufig im Tross mitzogen: Kinder, Ehefrauen und Geliebte. Die Söldner selbst lebten im Lager mit ihren Familien zusammen, während des Marsches und der eigentlichen Kampfhandlungen blieben die Frauen und Kinder aber im Tross und damit von ihren Männern getrennt.[14]

3.2 Die Soldatenfrau im Tross

Die Gruppe der Frauen und Kinder war im Tross die größte. Oft war ihre Anzahl gleich oder sogar noch größer als die der kämpfenden Söldner.[15] Wie viele der Frauen alleinstehend und wie viele mit einem Soldaten verheiratet oder informell liiert waren, war je nach Kompanie unterschiedlich. Für das württembergische Militär sind beispielsweise in den Jahren 1624/25 Quoten von weniger als 30% von Söldnern überliefert, bei denen in den Listen der Vermerk „Weib" eingetragen wurde, was auf weibliche Begleitung schließen lässt.[16] Allerdings müssen diese Angaben differenziert betrachtet werden, da sie sich lediglich eheliche Gemeinschaften beziehen und die Kriegsunternehmer ein Interesse daran hatten, die Zahl der verheirateten Soldaten möglichst gering zu halten. Dies lag daran, dass Frauen und ggf. Kinder im Tross ebenfalls versorgt werden mussten und teils auch nach dem Tod des Söldners noch Leistungen in Anspruch nahmen und weiterhin im Tross verblieben.[17] Freilich gab es neben der offiziellen

---

[11]Vgl. Axel Gotthard: Der Dreißigjährige Krieg. Eine Einführung. Köln 2016, S. 173-174.
[12]Ebd., S. 173. In anderen Darstellungen ist sogar von noch höheren Größenverhältnissen die Rede. Vgl. dazu beispielsweise Jan Peters (Hrsg.): Ein Söldnerleben im Dreißigjährigen Krieg. Eine Quelle zur Sozialgeschichte. Berlin 1993, S. 226.
[13]Die Beschreibung des Trosses als Stadt findet sich bei Barton C. Hacker: Women and Military Institutions in Early Modern Europe. A Reconnaissance, in: Signs. Journal of Women in Culture and Society, Band 6, Nr. 4, 1981, S. 647.
[14]Vgl. Gotthard: Der Dreißigjährige Krieg (wie Anmerkung 11).
[15]Ein sehr reichhaltiges Inventar an Quellen, die dies beweisen findet sich bei Burschel: Söldner im Nordwestdeutschland, S. 241.
[16]Vgl. Gerhard Fritz: Studien zum Dreißigjährigen Krieg. Stuttgart 2022, S. 69.
[17]Vgl. Burschel: Söldner im Nordwestdeutschland, S. 246-247.

Ehe noch weitere Formen der Partnerschaft mit einem Söldner wie „wilde Ehen" oder die Partnerschaft auf Zeit[18], die in solchen Aufzeichnungen normalerweise nicht auftauchen.

3.2.1 Motive der Frauen für das Leben im Tross

In jedem Fall musste es wohl überlegt sein, sich einem Söldner anzuschließen, denn das Leben im Tross war besonders für Frauen sehr gefährlich. So waren die Wohnverhältnisse im Lager alles andere als kommod, schützten doch die Stoffwände von Zelten oder die prekären Wände aus Holz oder Stroh nur unzureichend vor der Einwirkung von Nässe und Kälte. Die Nahrung wurde nicht von einem Tisch gegessen, sondern vom Boden. Außerdem gab es keine Aborte, sodass sich Keime und mit ihnen Infektionskrankheiten in Windeseile im Lager verbreiteten.[19] Die Lebenserwartung lag für schwedische Soldaten bei durchschnittlich drei Jahren und vier Monaten, ungeachtet dessen, ob sie auf dem Schlachtfeld fielen, oder durch schlimme Seuchen dahingerafft wurden.[20] Es ist also davon auszugehen, dass die Sterberate unter den Soldatenfrauen, die schwanger oft tage- oder wochenlang unterwegs sein und schließlich in hygienisch völlig unzureichenden Verhältnissen und ohne medizinische Unterstützung gebären mussten, aufgrund der enormen Belastung noch wesentlich höher lag. Dass die Frau des viel zitierten Söldners, nach nur sechs Jahren Ehe verstarb[21], war angesichts dieses Hintergrundes sicher keine Seltenheit.

Da die uns heute vorliegenden Quellen über die Frauen im Tross eher spärlich berichten, kann über die Herkunft der Frauen, die jedoch von großer Wichtigkeit ist, um zu verstehen, warum eine Frau all diese Strapazen auf sich nahm, nur gemutmaßt werden. In der Regel handelte es sich wohl um Frauen aus sehr armen Verhältnissen, die sich in der Lagergesellschaft der Söldnerheere ein Leben unter besseren wirtschaftlichen Konditionen erhofften, oder – ganz einfach gesagt – keine andere Wahl hatten, wenn sie dauerhaft überleben wollten. Näherinnen im Textilgewerbe lebten häufig an der unteren Armutsgrenze und ließen sich in ihrer sozialen Not auf einen Soldaten und das Leben im Tross ein.[22] Sie stehen stellvertretend auch für Handwerksfrauen in anderen Gewerbezweigen. Aber auch Mägde waren unmittelbar von schlimmer Armut betroffen. Dazu kam bei dieser Gruppe noch die starke Abhängigkeit von ihren Herren,

---

[18] Matthias Rogg: „Wol auff mit mir, du schoenes weyb". Anmerkungen zur Konstruktion von Männlichkeit im Soldatenbild des 16. Jahrhunderts, in: Karen Hagemann & Ralf Pröve (Hrsg.): Landsknechte, Soldatenfrauen und Nationalkrieger. Militär, Krieg und Geschlechterordnung im historischen Wandel. Frankfurt 1998, S. 58.
[19] Die Lebensverhältnisse im Tross werden erläutert bei Gotthard: Der Dreißigjährige Krieg, S. 175.
[20] Vgl. Ebd.
[21] Vgl. Peters: Söldnerleben, S. 53.
[22] Unter Bezugnahme auf populäre Druckzeugnisse, die u.a. die Brautwerbung von Landsknechten beinhalten, wird darauf eingegangen bei Rogg: Konstruktion von Männlichkeit im Soldatenbild des 16. Jahrhunderts (wie Anmerkung 18). Auch wenn sich die Darstellungen auf das 16. Jahrhundert beziehen, hat sich diese Situation zur Zeit des Dreißigjährigen Krieges sicherlich nicht verbessert.

die sie oftmals sexuell ausnutzten und ihnen den Eheschluss verweigerten.[23] Die Trauregister der Stadt Göttingen aus dem ausgehenden 17. Jahrhundert lassen den Eindruck zu, dass vor allem sie es waren, die den Schritt hin zur Soldatenfrau wagten. Von insgesamt elf dort registrierten Soldatenfrauen waren mehr als die Hälfte Mägde.[24] Die Ehe mit einem Soldaten sollte einerseits Schutz garantieren und auch durch die Versorgung der Söldner mit Nahrungsmitteln – von offizieller Stelle oder durch Plünderungen – war es für diese Frauen vorteilhafter, sich dem Tross anzuschließen, als beispielsweise in der Stadt zu verbleiben.[25] Die Verbindung mit einem Söldner garantierte allerdings trotzdem kein Leben in geregelten Verhältnissen. Im von Jan Peters edierten Söldnertagebuch ist zu erkennen, dass die Essensversorgung der Truppe im Dreißigjährigen Krieg stark variierte. Der Söldner Peter Hagendorf berichtet darin im Jahre 1629 aus dem Land der Kaschuben vom Überfluss: „Allhir haben wir kein Rindtfleischs mehr wollen essen, sonder es haben must gensse, endten, oder hunner sein […]"[26]. Die Armee und mit ihr die Frau des Söldners waren hier – auf Kosten der einheimischen Bevölkerung – bestens versorgt mit Rindfleisch und sogar Luxusgütern wie Gänse- oder Hühnerfleisch. Ganz anders sieht die Lage 1638 aus: „[…] vndt haben weinachten gehalten, bei donawasser, vndt haben kein bissen brot, gehabt […]"[27]. Zum Weihnachtsfest in diesem Jahr musste Truppe also hungern. Solche Schwankungen sind typisch für die Lagergesellschaft des Dreißigjährigen Krieges und tauchen im eben zitierten Söldnertagebuch mehrfach auf.[28] Nicht immer wurden Frauen, wenn sie sich mit einem Soldaten vermählten, auch automatisch von offizieller Stelle mit Lebensmitteln unterstützt. Bei unzureichender Versorgungslage war es daher stets der Tross und mit ihm die Frauen und Kinder, den die Hungerkrise zuerst und in besonders schwerem Maße traf.[29]

Neben den Frauen, die sich mit einem Soldaten vermählten, gab es auch Frauen, die bereits vor dem Eintritt in die Lagergesellschaft in einer Beziehung waren. Diese Frauen versuchten, sich gemeinsam mit ihrem Partner ein neues Leben in der Militärgesellschaft aufzubauen. Die Paare fällten diese Entscheidung aus unterschiedlichen Gründen; oft spielte auch hier soziale

---
[23]Vgl. Burschel: Söldner im Nordwestdeutschland, S. 244-245.
[24]Vgl. Ebd.
[25]Vgl. Christine Andersson: Von „Metzen" und „Dirnen". Frauenbilder in Kriegsdarstellungen der Frühen Neuzeit, in: Karen Hagemann & Ralf Pröve (Hrsg.): Landsknechte, Soldatenfrauen und Nationalkrieger. Militär, Krieg und Geschlechterordnung im historischen Wandel. Frankfurt 1998, S. 182. Andersson geht in ihrer Darstellung auf die „Landsknechthuren" ein. Die Zusammenhänge können aber ebenso auf Soldatenfrauen übertragen werden.
[26]Peters: Söldnerleben, S. 43.
[27]Ebd., S. 87.
[28]Eine übersichtliche Darstellung findet sich in Peters' Ausführungen im Anschluss an den Quellentext. Vgl. Ebd., S. 223-224.
[29]Vgl. Bernhard R. Kroener: Kriegerische Gewalt und militärische Präsenz in der Neuzeit. Ausgewählte Schriften, hg. von Ralf Pröve & Bruno Thoß. Paderborn 2008, S. 137.

Not eine entscheidende Rolle. Besonders in vom Krieg zerstörten und ausgeplünderten Regionen wurden häufig neue Söldner rekrutiert, die, nachdem sie all ihre Existenzgrundlagen in der Heimat verloren hatten, keine andere Wahl hatten, als sich der Truppe anzuschließen, wenn sie überleben wollten. Trat der Mann ins Militär ein, hatte er in aller Regel nicht die finanziellen Möglichkeiten, seine Familie zuhause zurückzulassen.[30] Zwar war es bei den Offizieren, die aus dem niederen Adel oder dem Bürgertum stammten, keine Seltenheit, dass deren Ehefrauen zuhause bleiben durften und dort die Interessen ihres Mannes vertraten, doch war diese Praxis für den einfachen Soldaten nicht zu stemmen. Sein Sold reichte nicht aus, um auch nur annähernd für die Lebenshaltungskosten seiner Familie zuhause aufzukommen.[31] Andere Paare konnten ihre Beziehung überhaupt erst in der Lagergesellschaft ausleben, denn Eheschließungen und damit das legitime Zusammenleben in einer Partnerschaft waren häufig von den Obrigkeiten reglementiert. Die Eheschließungen im Heer unterstanden dagegen nicht den Gesetzen des jeweiligen territorialen Herrschaftsbereiches und waren so von deren Heiratsverboten und -vorschriften nicht betroffen.[32]

3.2.2 Die Rolle der Frau im „Beute und Produktionspaar"[33]

Tatsächlich bildeten sich im Militärwesen des Dreißigjährigen Krieges ähnliche Strukturen heraus, wie sie Heide Wunder für das zivile Leben beschreibt. Den Frauen wurden in dieser besonderen Form des frühneuzeitlichen „Arbeitspaares" unverzichtbare Aufgaben und schwere Belastungen gleichsam zuteil.

Unter anderem stellte die Logistik den Söldner vor große Herausforderungen. Sein Hab und Gut am Heimatort zurückzulassen war nicht sicher, denn wenn dort plündernde Männer anderer Armeen durchzogen, wäre davon, selbst wenn es nur von geringem Wert war, nicht viel übriggeblieben. Es ist deshalb nicht verwunderlich, dass die Söldner ihre Besitztümer oft mit sich in den Krieg nahmen. Freilich konnten sie diese dabei nicht immer selbst bewachen, denn im aktiven Gefecht mussten sie andere Prioritäten haben. Stattdessen war es die Ehefrau oder Partnerin, die dafür Sorge tragen musste, dass der Hausrat nicht verloren ging oder gestohlen wurde. In seinem Tagebuch macht der Söldner Peter Hagendorf seine Frau verantwortlich, einen „dubelten tafften Rog, vnter den arm, verloren"[34] zu haben. Dies lässt erkennen, dass die Verantwortung für die Besitztümer bei der Partnerin lag. Sie war aber nicht nur mit dem Tragen von

---

[30]Vgl. Bernhard R. Kroener: „... und ist der Jammer nit zu beschreiben". Geschlechterbeziehungen und Überlebensstrategien in der Lagergesellschaft des Dreißigjährigen Krieges, in: Karen Hagemann & Ralf Pröve (Hrsg.): Landsknechte, Soldatenfrauen und Nationalkrieger. Militär, Krieg und Geschlechterordnung im historischen Wandel. Frankfurt 1998, S. 286.
[31]Vgl. Ebd., S. 282
[32]Vgl. Rogg: Konstruktion von Männlichkeit im Soldatenbild des 16. Jahrhunderts, S. 58.
[33]Geprägt wurde dieser Begriff von Jan Peters (Peters: Söldnerleben, S. 226).
[34]Peters: Söldnerleben, S. 75.

Kleidungsstücken betraut, sondern musste das schwere Gewicht von „Watsäcken/ Mänteln/ Tüchern/ Töpffen/ Kesseln/ Pfannen/ Keerbesen/ Anzug/ grossen ungeheuren Taschen/ Hanen und Hunden/ &c. Auch allerley Plunder/ einem Hispanischen Maulesel nicht ungleich [...]"[35] aushalten. In einer militärtheoretischen Quelle aus dem Jahre 1612 ist die Rede von 50 bis 60 Pfund, die eine Frau durchschnittlich auf ihren Schultern transportieren musste.[36] Das entspricht selbst bei regional schwankender Auslegung der Einheit *Pfund* mindestens 20 bis 24kg[37]. Die Auswirkungen auf Knochen, Gelenke, Sehnen und Muskeln bei den langen Märschen im Tross müssen gravierend gewesen sein. Man mag sich gar nicht vorstellen, zu welchen irreparablen Schäden dies bei einer hochschwangeren Frau, die sich ja unterwegs nicht einfach längere Zeit ausruhen konnte, geführt haben muss. Kirchhof erwähnt in seiner Militaris Disciplina, wie eine schwangere Frau, bei der offenbar bereits die Wehen eingesetzt haben, von anderen Frauen weitergetragen wird, weil sie sonst zurückgelassen worden wäre.[38]

Neben der Logistik waren Frauen aber auch für notwendige alltägliche Aufgaben wie das Zubereiten von Nahrung und die Reinigung der Kleidung und der Unterkunft der Familie zuständig.[39] Sie hatten die Pflicht, den „Haushalt" im Lager zu führen, während ihre Männer auf dem Schlachtfeld kämpften. Außerdem nahm die Frau im Umfeld des Lagers für ihren Söldner auch eine bedeutende soziale Funktion ein, da sie ihm in einer Welt voller Tod und Leid eine Art Sinn im Leben gab. Trotz der hohen Kindersterblichkeit und der geringen Lebenserwartung der Soldatenfrauen ermöglichte die Familie häufig nicht für das ganze Leben, aber zumindest für einen gewissen Zeitraum einen Hauch von Stabilität.[40]

Die Frauen im Tross sorgten aber nicht nur für die seelische Gesundheit ihrer Männer, sondern verarzteten auch deren Wunden, die sie sich im Gefecht zugezogen hatten und gaben ihnen analgetisch wirkende Naturheilmittel.[41] Sie ergänzten oder ersetzten die für gewöhnlich unzureichende medizinische Versorgung der einfachen Soldaten. Im Dreißigjährigen Krieg waren Männer auf ihre Frauen angewiesen. Dies beweist auch das folgende Szenario, das sich abspielt, nachdem der Söldner Hagendorf im Kampf um Magdeburg schwer verwundet worden war:

> wie ich nun verbunden bin, Ist mein weieb In die stadt gegangen, da sie doch vber all gebrunnen hat, vndt hatt wollen ein kussen holen, vndt tucher zu ver // binden, vndt wo auff Ich liegen köndte, so habe Ich auch das

---

[35] Hans Wilhelm Kirchhof: Militaris Disciplina, hg. von Bodo Gotzowsky. Stuttgart 1976, S. 107.
[36] Vgl. Burschel: Söldner im Nordwestdeutschland, S. 242.
[37] Wenn man davon ausgeht, dass ein Pfund ungefähr 0,4kg entspricht. Vgl. dazu Konrad Schneider: Pfund, in: Enzyklopädie der Neuzeit Online, 2023, https://referenceworks.brillonline.com/entries/enzyklopaedie-der-neuzeit/pfund-SIM_326562# (aufgerufen am 14.03.2023).
[38] Kirchhof: Militaris Disciplina. S. 108.
[39] Über die Fürsorgeleistungen der Frauen kann in diesem Zusammenhang nachgelesen werden bei: Kroener: Geschlechterbeziehungen und Überlebensstrategien in der Lagergesellschaft (wie Anmerkung 30).
[40] Vgl. Peter Burschel: Himmelreich und Hölle. Ein Söldner, sein Tagebuch und die Ordnungen des Krieges, in: Benigna von Krustenstjern & Hans Medick (Hrsg.): Zwischen Alltag und Katastrophe. Der Dreißigjährige Krieg aus der Nähe. Göttingen 1999, S. 188-189.
[41] Vgl. Burschel: Söldner im Nordwestdeutschland, S. 242.

kindt, allso krang, bei mir liegen gehabt, Ist nun das geschrei, Inn lehger gekommen, die heusser fallen alle vber ein Ander, das viel soldaten, vndt weiber, welche Mausen wollen, darin mussen bleiben [...], doch hatt sie godt behutet, vndt kombt in Anderhalb stunde [...] [mit] bedtgewandt, so hat sie mir auch gebracht eine grosse // Kante, von 4 *mas*, mit wein, vndt hat benehbens auch 2 silbern gurdtel gefunden, vndt kleider [...].[42]

Zunächst wird erkennbar, dass die Frau des Söldners sich in die brennende Stadt Magdeburg begibt, um für ihn ein Kissen und Tücher zum Verbinden seiner Wunden zu holen. Sie tut dies, wie sich bald herausstellt unter Lebensgefahr, da die bereits stark zerstörte Stadt immer weiter einstürzt. Der Söldner, der aufgrund seines körperlichen Zustandes mit seinem Kind zurückgeblieben ist, erfährt davon durch schreiende Menschen, die in Panik zurück ins Lager strömen. Einige Frauen, die in der brennenden Stadt plündern wollten, mussten dafür wohl auch bereits ihr Leben lassen. Hagendorf hat aber Glück und seine Frau kommt wohlbehalten aus der Stadt zurück und bringt sogar mehr Gegenstände mit als zunächst erwartet - Wein, Silber und Kleidung. Hier lässt sich beobachten, wie die Frau deutlich die Sphäre des „Haushaltes" im Tross verlässt und sich mitten in das Kriegsgeschehen hineinbegibt. Dies war kein untypisches Phänomen für die Trossfrauen im frühneuzeitlichen Heer. Frauen gingen alleine, in Gemeinschaft mit anderen, oder mit ihren Männern nach dem Kampf auf die Schlachtfelder und plünderten die Leichen der gefallenen Soldaten aus.[43] Sie taten dies nicht zwangsläufig aus persönlicher Gier heraus, sondern in erster Linie um das Überleben der eigenen Familie zu sichern. Erbeutete Güter konnten entweder direkt von der Familie verwendet, oder im Lager an andere Söldner, Angehörige des Trosses, notfalls auch an die Marketender weiterverkauft werden. Angesichts der häufig extrem angespannten Versorgungslage im Heer, die nicht selten auch zu ansteckenden Infektionskrankheiten wie Typhus führte,[44] stellte jeder verhökerte Wertgegenstand eine höhere Absicherung dar.

Auch dem Söldner Hagendorf machten Versorgungsengpässe schwer zu schaffen, wie im Laufe dieser Arbeit bereits hervorgehoben wurde. Im Jahre 1640 litt seine Truppe wieder einmal unter akutem Brotmangel. Er selbst und seine Frau seien davon allerdings nicht betroffen gewesen: „[...] haben brodt gnug gehabt, haben noch verkaufft, den wir haben vns eine mule gemacht, von 2 schleiffsteine, vndt haben In der erde, einen bagoffen gegraben, vndt brodt gebagken"[45]. Das Sprichwort *Not macht erfinderisch* trifft an dieser Stelle zu, denn Hagendorf und seiner Frau gelang es nicht nur, ihre eigene Brotversorgung durch einen mit primitiven

---

[42]Peters: Söldnerleben, S. 47.
[43]Vgl. Burschel: Söldner im Nordwestdeutschland, S. 244 und Kroener: Geschlechterbeziehungen und Überlebensstrategien in der Lagergesellschaft, S. 286-287.
[44]Kroener stellt den häufig vorkommenden Mangel an Lebensmitteln im Dreißigjährigen Krieg auch aus wirtschaftsgeschichtlicher Perspektive dar und analysiert die Zusammenhänge. Vgl. Kroener: Kriegerische Gewalt und militärische Präsenz, S. 135-143.
[45]Peters: Söldnerleben, S. 94.

Mitteln selbstgebauten Brotbackofen zu sichern, sondern sie erzeugten dabei so viel Brot, dass sie es im Lager weiterverkaufen konnten. Hier wird deutlich, dass es in der Lagergesellschaft des Dreißigjährigen Krieges keine klassische Trennung der Aufgabenbereiche geben konnte, da zur Sicherung des Überlebens die Tatkraft beider Partner notwendig war.

Auch waren die Frauen in unterschiedlicher Art und Weise daran beteiligt, Einkommen für die Familie zu erwirtschaften. Dafür eigneten sich eine Vielzahl unterschiedlicher Arbeiten im Lager wie das Kochen für eine größere Gruppe von Soldaten, die Mitarbeit in der Wäscherei, Hilfsarbeiten bei der Uniformherstellung oder der Dienst als Magd für einen Offizier bzw. höhergestellten Soldaten, der sich diesen Luxus leisten konnte.[46] Darüber hinaus boten Frauen auch medizinische Dienstleistungen an – die Tätigkeit als Wundheilerin[47] war nicht nur auf die Versorgung des Partners beschränkt – und wie man sich vorstellen kann war der Bedarf unter den Söldnern dafür hoch. Außerdem konnten sie bei entsprechendem Bedarf auch zu Schanzarbeiten hinzugezogen werden und hatte damit eine essentielle Funktion beim Bau von Verteidigungsanlagen.[48] Blieb ihnen keine andere Option, gingen die Frauen auf eigene Faust betteln[49] oder arbeiteten als Prostituierte im Lager[50].

Zusammenfassend lässt sich in Bezug auf die Frage nach dem Geschlechterverhältnis sagen, dass es sich bei den Partnerschaften zwischen Mann und Frau im frühneuzeitlichen Heer – in welcher Form auch immer sie bestanden – um eine Überlebensgemeinschaft handelte. Beide Partner bildeten eine „vielfach symbiotisch angelegte Beutegemeinschaft"[51], sie verpflichteten sich zu gegenseitiger Fürsorge, Schutz und Versorgung.[52] Wie wichtig Hagendorf die Bindung zu seiner Frau war, wird deutlich, als er im Jahre 1641 sein Pferd verkauft, um seine Frau, die wegen ihres Gesundheitszustandes („den sie Ist gewesen wie ein Krubpel") vorerst nicht mehr mit dem Tross weiterziehen kann, zur Pflege bei der Frau des Henkers zurücklassen zu können.[53]

---

[46] Unter Bezugnahme auf verschiedene zeitgenössische Quellen wie der Militaris Disciplina werden einige Arbeiten erwähnt bei Burschel: Söldner im Nordwestdeutschland, S. 244. Vgl. auch Kroener: Geschlechterbeziehungen und Überlebensstrategien in der Lagergesellschaft, S. 287.
[47] Kroener: Geschlechterbeziehungen und Überlebensstrategien in der Lagergesellschaft, S. 287.
[48] Burschel: Söldner im Nordwestdeutschland, S. 244.
[49] Vgl. Ebd.
[50] Christa Hämmerle: Von den Geschlechtern der Kriege und des Militärs. Forschungseinblicke und Bemerkungen zu einer neuen Debatte, in: Thomas Kühne & Benjamin Ziemann (Hrsg.): Was ist Militärgeschichte? Paderborn 2000, S. 232.
[51] Kroener: Geschlechterbeziehungen und Überlebensstrategien in der Lagergesellschaft, S. 284.
[52] Ebd., S. 284-286.
[53] Peters: Söldnerleben, S. 99.

3.3 Trossfrauen ohne Schutz

Doch was passierte, wenn eine Frau ihren Partner verlor? Im Kriegsgeschehen war das keine Seltenheit. Soldaten konnten gefangen genommen werden, oder im Gefecht sterben.[54] In diesem Fall musste die Soldatenfrau sich und ihre Kinder selbst versorgen. Dazu arbeiteten die Frauen auch nach dem Verlust des Mannes weiterhin in den bereits ausgeführten Bereichen wie der Küche, dem Wachsalon, der Uniformmanufaktur. Oft waren diese Arbeiten aber nicht ausreichend, um die Familie ernähren zu können. Viele Frauen versuchten deshalb, auf der Straße zumindest ein paar zusätzliche Groschen zu erbetteln, oder rutschten in die soziale Gruppe der „Lagerhuren" ab. Prostitution war in den Armeen des Dreißigjährigen Krieges keine Seltenheit, da viele Söldner keine andere Möglichkeit hatten, ihre sexuellen Bedürfnisse zu befriedigen, als durch käufliche Liebe im Tross.[55] Für die alleinstehende Frau barg das Dasein als Prostituierte aber auch die Möglichkeit, in der Hierarchie des Trosses (wieder-)aufzusteigen. Das konnte sie dann erreichen, wenn sie einen Söldner kennenlernte, der sich bereit erklärte, sie zu heiraten. So wurde sie erneut Teil einer „Beute- und Produktionsgemeinschaft" und hatte in begrenzten Fällen sogar noch einen weiteren Vorteil: durch die Vermählung stand ihr ein Erbe zu.[56] Dies war aber nur dann von Bedeutung, wenn sie einen höhergestellten Soldaten heiratete. Für viele alleinstehende Frauen ergab sich nie eine solche Gelegenheit und mit Sicherheit stellte auch die Prostitution kein verlässliches Sprungbrett in ein besseres Leben dar, ganz im Gegenteil. Hatte eine Prostituierte nicht das Glück, einen Ehemann oder Überlebensgefährten[57] zu finden, war sie dauerhaft ohne wirklichen Schutz der rohen Gewalt des Krieges ausgeliefert. Für einige Frauen war die Situation sogar so ausweglos, dass sie in ihrer Not die eigenen Kinder ermordeten.[58]

Doch die existenzielle Not in der Versorgung war nicht die einzige Gefahr, mit der alleinstehende Frauen im Tross konfrontiert waren. Durch die Abwesenheit des Mannes fiel zugleich auch ein wesentlicher Schutz weg, die Frau musste sich alleine gegenüber jeglicher Form von physischer Gewalteinwirkung behaupten. Gewalt konnte sie von unterschiedlichen Seiten erfahren, in erster Linie innerhalb des Lagers selbst – von Söldnern oder anderen Angehörigen des Trosses. Außerdem ist schon ab dem 14. Jahrhundert überliefert, dass im Krieg nicht nur die eigentliche Armee ins Visier des Feindes rückte, sondern ebenso dessen Anhang, der Tross. Ganz bewusst vergingen sich Soldaten sexuell und mit physischer Gewalteinwirkung an den

---
[54]Vgl. Burschel: Söldner im Nordwestdeutschland, S. 248.
[55]Vgl. Ebd., S. 250.
[56]Vgl. Ebd.
[57]Auch Partnerschaften außerhalb des Rahmens von Ehe waren zwischen einer Prostituierten und einem Söldner denkbar. Vgl. Ebd, S. 251.
[58]Vgl. Ebd., S. 248.

Frauen, um sie – oft schlimm von unsagbarer Gewalt gezeichnet – wieder zurück in den Tross zu schicken.[59] In diesem Zusammenhang stellt man sich die Frage, warum Söldner diese schrecklichen Verbrechen begingen. Andersson geht in ihrer Argumentation nur darauf ein, dass der Tross generell zur Gruppe der Feinde dazugezählt und deshalb in der Konsequenz wie die eigentliche Armee niedergemetzelt wurde. Allerdings greift diese Einschätzung möglicherweise zu kurz, da jegliche Versuche monokausaler Erklärungen nicht ausreichend ist, um diese Taten erklären zu können. Individuelle Faktoren wie die psychische Verfassung des feindlichen Söldners können dabei eine ebenso große Rolle gespielt haben wie kriegstaktische oder symbolische Hintergründe. So können der schutzlose Zustand der Frauen und die anschließende Vergewaltigung und Verstümmelung durch den Gegner als zweiter Angriff, neben dem auf dem Schlachtfeld, interpretiert werden. Die Schändung der Frauen bedeutete dann gleichzeitig eine Schändung der Ehre des Soldaten[60], der zum entsprechenden Zeitpunkt nicht mehr in der Lage war, seine Partnerin zu schützen.

4 Fazit

Neben diesen möglichen Formen von physischer Gewalteinwirkung war das Leben der Frau im Tross auch durch Versorgungsnot und diverse Krankheitserreger sowie die hohe körperliche Belastung gefährdet. So ist es leicht verständlich, dass viele Frauen die Partnerschaft mit einem Söldner suchten. Davon profitierten nicht nur sie selbst – beispielsweise durch Schutz –, sondern auch ihre Partner. Söldner und Partnerin bildeten zusammen eine Überlebensgemeinschaft und waren aus verschiedenen oben ausgeführten Gründen aufeinander angewiesen. Die Partnerin übernahm wichtige Aufgaben wie die medizinische Versorgung ihres Mannes, wenn dieser im Kampf verletzt wurde oder erkrankte. Darüber hinaus war sie für den „Haushalt", also Dienste wie das Kochen oder Reinigungsaufgaben zuständig. Reichte der Sold des Mannes nicht aus, beteiligte sie sich zudem an der Beschaffung des Lebensunterhaltes. Dafür erledigte sie auch diverse Arbeiten wie die Herstellung von Uniformen oder die Wundversorgung, die essentiell für die Armee waren. Zusammenfassend lässt sich daher sagen, dass die Frauen ein unverzichtbarer Teil der Heeresinfrastruktur des Dreißigjährigen Krieges waren. Peter Burschel bringt es auf den Punkt, wenn er schreibt: „Ohne die Frauen im Troß wäre wohl kein frühneuzeitliches Heer in der Lage gewesen, einen Feldzug zu bestreiten […]"[61].

---

[59]Vgl. Christine Andersson: Von „Metzen" und „Dirnen, S. 183.
[60]Ulinka Rublack beschreibt die symbolische Wirkung von Vergewaltigung und physischer Gewalteinwirkung auf Frauen in der Stadt. In dieser Arbeit wird großzügig davon ausgegangen, dass sich die von ihr beschriebenen Prinzipien auch auf den Tross anwenden lassen. Vgl. Ulinka Rublack: Metze und Magd. Frauen, Krieg und die Bildfunktion des Weiblichen in deutschen Städten der frühen Neuzeit, in: Historische Anthropologie: Kultur, Gesellschaft, Alltag, Band 3, Nummer 3, 1995.
[61]Burschel: Söldner im Nordwestdeutschland, S. 244.

Literaturverzeichnis

Printquellen:

Andersson, Christine: Von „Metzen" und „Dirnen". Frauenbilder in Kriegsdarstellungen der Frühen Neuzeit, in: Karen Hagemann & Ralf Pröve (Hrsg.): Landsknechte, Soldatenfrauen und Nationalkrieger. Militär, Krieg und Geschlechterordnung im historischen Wandel. Frankfurt 1998.

Bähr, Matthias & Kühnel, Florian: Plädoyer für eine Historische Intersektionsanalyse, in: Ders. (Hrsg.): Verschränkte Ungleichheit. Praktiken der Intersektionalität in der Frühen Neuzeit. Berlin 2018.

Burschel, Peter: Söldner im Nordwestdeutschland des 16. und 17. Jahrhunderts. Sozialgeschichtliche Studien. Göttingen 1994.

Fritz, Gerhard: Studien zum Dreißigjährigen Krieg. Stuttgart 2022.

Gotthard, Axel: Der Dreißigjährige Krieg. Eine Einführung. Köln 2016.

Hacker, Barton C.: Women and Military Institutions in Early Modern Europe. A Reconnaissance, in: Signs. Journal of Women in Culture and Society, Band 6, Nr. 4, 1981.

Hämmerle, Christa: Von den Geschlechtern der Kriege und des Militärs. Forschungseinblicke und Bemerkungen zu einer neuen Debatte, in: Thomas Kühne & Benjamin Ziemann (Hrsg.): Was ist Militärgeschichte? Paderborn 2000.

Kirchhof, Hans Wilhelm: Militaris Disciplina, hg. von Bodo Gotzowsky. Stuttgart 1976.

Kroener, Benhard R.: Kriegerische Gewalt und militärische Präsenz in der Neuzeit. Ausgewählte Schriften, hg. von Ralf Pröve & Bruno Thoß. Paderborn 2008.

Kroener, Bernhard R.: „… und ist der Jammer nit zu beschreiben". Geschlechterbeziehungen und Überlebensstrategien in der Lagergesellschaft des Dreißigjährigen Krieges, in: Karen Hagemann & Ralf Pröve (Hrsg.): Landsknechte, Soldatenfrauen und Nationalkrieger. Militär, Krieg und Geschlechterordnung im historischen Wandel. Frankfurt 1998.

Ozment, Steven: Magdalena & Balthasar. Briefwechsel der Eheleute Paumgartner aus der Lebenswelt des 16. Jahrhunderts. Übersetzt aus dem Englischen und dem frühneuhochdeutschen von Friedhelm Rathjen. Frankfurt am Main 1989.

Peters, Jan (Hrsg.): Ein Söldnerleben im Dreißigjährigen Krieg. Eine Quelle zur Sozialgeschichte. Berlin 1993.

Rogg, Matthias: „Wol auff mit mir, du schoenes weyb". Anmerkungen zur Konstruktion von Männlichkeit im Soldatenbild des 16. Jahrhunderts, in: Karen Hagemann & Ralf Pröve (Hrsg.): Landsknechte, Soldatenfrauen und Nationalkrieger. Militär, Krieg und Geschlechterordnung im historischen Wandel. Frankfurt 1998.

Rublack, Ulinka: Metze und Magd. Frauen, Krieg und die Bildfunktion des Weiblichen in deutschen Städten der frühen Neuzeit, in: Historische Anthropologie: Kultur, Gesellschaft, Alltag, Band 3, Nummer 3, 1995.

Schulte, Regina: Die verkehrte Welt des Krieges. Studien zu Geschlecht, Religion und Tod. Frankfurt 1998.

Von Krusenstjern, Benigna & Medick, Hans (Hrsg.): Zwischen Alltag und Katastrophe. Der Dreißigjährige Krieg aus der Nähe. Göttingen 1999.

Wunder, Heide: „Er ist die Sonn', sie ist der Mond". Frauen in der Frühen Neuzeit. München 1992.

Internetquelle:

Schneider, Konrad: Pfund, in: Enzyklopädie der Neuzeit Online, 2023, https://referenceworks.brillonline.com/entries/enzyklopaedie-der-neuzeit/pfund-SIM_326562# (aufgerufen am 14.03.2023).

BEI GRIN MACHT SICH IHR WISSEN BEZAHLT

- Wir veröffentlichen Ihre Hausarbeit, Bachelor- und Masterarbeit

- Ihr eigenes eBook und Buch - weltweit in allen wichtigen Shops

- Verdienen Sie an jedem Verkauf

Jetzt bei www.GRIN.com hochladen und kostenlos publizieren